Mängelexemplar

Die Herausgeberin

Catrin Frischer wurde 1958 im Herzen Schleswig-Holsteins geboren. Nach dem Abitur folgten längere Auslandsaufenthalte, unter anderem an der Kunsthochschule Holbæk/Dänemark und als Erzieherin in einem Kinderheim in Südfrankreich. Sie studierte Anglistik und Germanistik in Hamburg und arbeitete nach einem Volontariat zehn Jahre als Lektorin in einem bekannten Kinderbuchverlag. Seit der Geburt ihrer Tochter ist sie als freie Lektorin für mehrere renommierte Verlage tätig.

Die Illustratorin

Annette Swoboda wurde 1962 geboren und wuchs in einem kleinen Ort an der Bergstraße auf. Nach dem Abitur studierte sie Kunst in Frankreich und Grafik-Design in Mannheim. Seit 1988 illustriert sie Bücher für Kinder und Erwachsene. Für die Fischer Schatzinsel hat sie u. a. auch die Bilder zu ›Toll gemacht, Dudu!‹ von Corinna Gieseler und Markus Niesen (gebunden) gemalt.

Das kleine Liederbuch

Die schönsten Schlaflieder

Herausgegeben von Catrin Frischer
Mit farbigen Bildern von Annette Swoboda

Fischer Schatzinsel

Fischer Schatzinsel
Herausgegeben von Eva Kutter

Für Focko

Originalausgabe
Veröffentlicht im Fischer Taschenbuch Verlag,
einem Unternehmen der S. Fischer Verlag GmbH,
Frankfurt am Main, September 2006
Die Lieder wurden entnommen aus dem ›Liederbuch‹,
das 1999 in der Fischer Schatzinsel erschienen ist.

© Fischer Taschenbuch Verlag GmbH, Frankfurt am Main 1999
Musikpädagogische Beratung: Peter Unbehauen, Christoph Jähne
Satz und Noten: Bibliomania GmbH, Frankfurt am Main
Quellennachweis: La-le-lu
© 1950 Peter Schaeffers Musikverlag, Berlin
Umschlaggestaltung: Buchholz/Hinsch/Hensinger
Umschlagillustration: Annette Swoboda
Reproduktion: PHG Litho, München
Druck und Bindung: Clausen & Bosse, Leck
Printed in Germany
ISBN-13: 978-3-596-85231-4
ISBN-10: 3-596-85231-5

Unsere Adresse im Internet: www.fischerschatzinsel.de

Inhalt

Ade zur guten Nacht 8

Alles schweiget 10

Abendstille 11

Die Blümelein, sie schlafen 12

La-le-lu 14

Kein schöner Land in dieser Zeit 16

O wie wohl ist mir am Abend 17

Guten Abend, gut' Nacht 18

Schlaf, Kindchen, schlaf 19

Schlafe, mein Prinzchen 20

Weißt du, wie viel Sternlein stehen 22

Der Mond ist aufgegangen 25

Wer hat die schönsten Schäfchen 26

Häschen in der Grube 27

Bruder Jakob 29

Sankt Martin 30

Ich geh mit meiner Laterne 31

Es saß ein klein wild Vögelein 32

Die schönsten Schlaflieder

Ade zur guten Nacht

Volkslied aus dem 19. Jahrhundert

2. Es trauern Berg und Tal,
  wo ich vieltausendmal
  bin drüber gegangen;
  das hat deine Schönheit gemacht,
  die hat mich zum Lieben gebracht
  mit großem Verlangen.

3. Das Brünnlein rinnt und rauscht
  wohl unterm Holderstrauch,
  wo wir gesessen,
  wie manchen Glockenschlag,
  da Herz bei Herzen lag,
  das hast du vergessen.

4. Die Mädchen in der Welt
  sind falscher als das Geld
  mit ihrem Lieben.
  Ade zur guten Nacht!
  Jetzt wird der Schluss gemacht,
  dass ich muss scheiden.

Abendstille

Text: Fritz Jöde (geb. 1887)
Melodie: Otto Laub (1805–1887)

Kanon zu drei Stimmen

A-bend-stil-le ü-ber-all, nur am Bach die Nach-ti-gall singt ih-re Wei-se kla-gend und lei-se durch das Tal.

Für Gitarre: Kapodaster I. Bund
||: A | A | E | A :||

2. Die Vögelein, die sangen
so süß im Sonnenschein,
sie sind zur Ruh gegangen
in ihre Nestchen klein.
Das Heimchen in dem Ährengrund,
das tut allein sich kund:
Schlafe, schlafe,
schlaf ein, mein Kindelein.

3. Sandmännchen kommt geschlichen
und guckt durchs Fensterlein,
ob irgend noch ein Liebchen
mag nicht zu Bette sein.
Und wo er noch ein Kindlein fand,
streut er ins Aug' ihm Sand:
Schlafe, schlafe,
schlaf ein, mein Kindelein.

La - le - lu

Text und Melodie: Heino Gaze

Kein schöner Land in dieser Zeit

altes Volkslied

1. Kein schö-ner Land in die-ser Zeit, als hier das uns-re weit und breit, wo wir uns fin-den wohl un-ter Lin-den zur A-bend-zeit, wo wir uns fin-den wohl un-ter Lin-den zur A-bend-zeit.

2. Da haben wir so manche Stund
gesessen da in froher Rund
und taten singen,
die Lieder klingen
im Talesgrund.

3. Dass wir uns hier in diesem Tal
noch treffen so viel hundertmal,
Gott mag es schenken,
Gott mag es lenken,
er hat die Gnad.

4. Jetzt, Brüder, eine gute Nacht!
Der Herr im hohen Himmel wacht!
in seiner Güte
uns zu behüten,
ist er bedacht.

O wie wohl ist mir am Abend

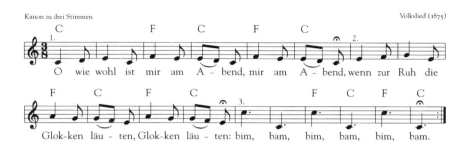

Kanon zu drei Stimmen
Volkslied (1875)

O wie wohl ist mir am A - bend, mir am A - bend, wenn zur Ruh die Glok-ken läu - ten, Glok-ken läu - ten: bim, bam, bim, bam, bim, bam.

Guten Abend, gut' Nacht

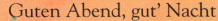

Text: 1. Strophe aus ›Des Knaben Wunderhorn‹ (1806)
2. Strophe: Georg Scherer
Melodie: Johannes Brahms

1. Gu-ten A-bend, gut' Nacht, mit Ro-sen be-dacht
mit Näg-lein be-steckt schlüpf un-ter die Deck!
Mor-gen früh, wenn Gott will, wirst du wie-der ge-weckt,
mor-gen früh, wenn Gott will, wirst du wie-der ge-weckt.

2. Guten Abend, gut' Nacht, von Englein bewacht,
die zeigen im Traum dir Christkindleins Baum.
Schlaf nun selig und süß, schau im Traum's Paradies,
schlaf nun selig und süß, schau im Traum's Paradies.

Schlaf, Kindchen, schlaf

Volkslied

1. Schlaf, Kindchen schlaf! Der Vater hüt't die Schaf, die Mutter schüttelt's Bäumelein, da fällt herab ein Träumelein. Schlaf, Kindchen, schlaf!

2. Schlaf, Kindlein, schlaf!
So schenk ich dir ein Schaf
mit einer goldnen Schelle fein,
das soll dein Spielgeselle sein, –
schlaf, Kindlein, schlaf!

Schlafe, mein Prinzchen

Text: Friedrich Wilhelm Gotter (1746–1796)
Melodie: Bernhard Fliess (1796)

2. Alles im Schlosse nun liegt
tief in den Schlummer gewiegt,
Küche und Keller sind leer,
es reget kein Mäuschen sich mehr.
Nur in der Zofe Gemach
tönet ein schmelzendes Ach.
Was für ein Ach mag das sein?
Schlafe, mein Prinzchen, schlaf ein.

Weißt du, wie viel Sternlein stehen

Text: Wilhelm Hey (1789–1854)
Melodie: Volkslied

1. Weißt du, wie viel Sternlein stehen an dem blauen Himmelszelt? Weißt du, wie viel Wolken gehen weithin über alle Welt? Gott, der Herr hat sie gezählet, dass ihm auch nicht eines fehlet an der ganzen großen Zahl, an der ganzen großen Zahl.

2. Weißt du, wie viel Mücklein spielen
in der heißen Sonnenglut?
Wie viel Fischlein auch sich kühlen
in der hellen Wasserflut?
Gott, der Herr, rief sie mit Namen,
dass sie all' ins Leben kamen,
dass sie nun so fröhlich sind.

3. Weißt du, wie viel Kinder frühe
stehn aus ihrem Bettlein auf,
dass sie ohne Sorg' und Mühe
fröhlich sind im Tageslauf?
Gott im Himmel hat an allen
seine Lust, sein Wohlgefallen,
kennt auch dich und hat dich lieb.

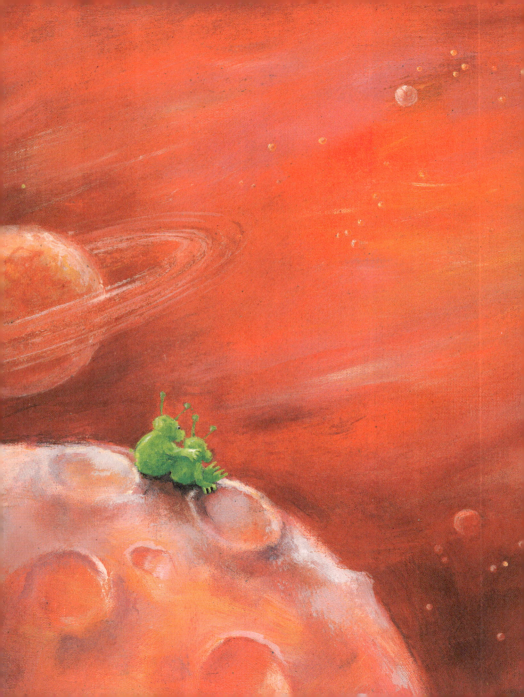

Der Mond ist aufgegangen

Text: Matthias Claudius (1778)
Melodie: Johann Abraham Peter Schulz (1790)

2. Wie ist die Welt so stille
und in der Dämmrung Hülle
so traulich und so hold
als eine stille Kammer,
wo ihr des Tages Jammer
verschlafen und vergessen sollt.

3. Seht ihr den Mond dort stehen?
Er ist nur halb zu sehen
und ist doch rund und schön:
So sind wohl manche Sachen,
die wir getrost belachen,
weil unsre Augen sie nicht sehen.

4. Wir stolzen Menschenkinder
sind eitel arme Sünder
und wissen gar nicht viel.
Wir spinnen Luftgespinste
und suchen viele Künste
und kommen weiter von dem Ziel.

5. So legt euch denn, ihr Brüder,
in Gottes Namen nieder;
kalt ist der Abendhauch.
Verschon uns, Gott, mit Strafen
und lass uns ruhig schlafen
und unsern kranken Nachbarn auch.

Wer hat die schönsten Schäfchen

Text: Heinrich Hoffmann v. Fallersleben (1798–1874)
Melodie: Johann Friedrich Reichardt (1752–1814)

1. Wer hat die schönsten Schäfchen? Die hat der goldne Mond, der hinter unsern Bäumen am Himmel droben wohnt.

2. Er kommt am späten Abend, wenn alles schlafen will,
   hervor aus seinem Hause zum Himmel leis und still.

3. Dann weidet er die Schäfchen auf seiner blauen Flur;
   denn all die weißen Sterne sind seine Schäfchen nur.

4. Sie tun sich nichts zuleide, hat eins das andre gern,
   wie Schwestern und wie Brüder, da oben Stern an Stern.

5. Und soll ich dir eins bringen, so darfst du niemals schrein,
   mußt freundlich wie die Schäfchen und wie ihr Schäfer sein.

Häschen in der Grube

2. Häschen, vor dem Hunde hüte dich!
   Er hat einen scharfen Zahn,
   packt damit mein Häschen an.
   Häschen, lauf! Häschen, lauf!
   Häschen, lauf!

Bruder Jakob

Sankt Martin

2. Im Schnee saß, im Schnee saß,
   im Schnee, da saß ein armer Mann,
   hat Kleider nicht, hat Lumpen an.
   »O helft mir doch in meiner Not,
   sonst ist der bittre Frost mein Tod!«

3. Sankt Martin, Sankt Martin,
   Sankt Martin zieht die Zügel an,
   das Ross steht still beim armen Mann.
   Sankt Martin mit dem Schwerte teilt
   den warmen Mantel unverweilt.

4. Sankt Martin, Sankt Martin,
   Sankt Martin gibt den halben still,
   der Bettler rasch ihm danken will.
   Sankt Martin aber ritt in Eil'
   hinweg mit seinem Mantelteil.

Ich geh mit meiner Laterne

Volkslied aus Holstein

Ich geh mit mei-ner La-ter-ne und mei-ne La-ter-ne mit mir.
Am Him-mel leuch-ten die Ster-ne und un-ten, da leuch-ten wir.
Mein Licht ist aus, wir gehn nach Haus. la-bim-mel, la-bam-mel, la-bumm.
Mein Licht ist aus, wir gehn nach Haus. la-bim-mel, la-bam-mel, la-bumm.

Es saß ein klein wild Vögelein

Volkslied aus Siebenbürgen

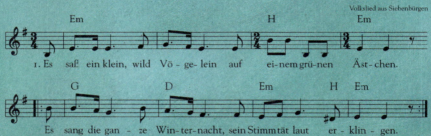

1. Es saß ein klein, wild Vögelein auf einem grünen Ästchen.
   Es sang die ganze Winternacht, sein Stimm tät laut erklingen.

2. »Sing du mir mehr, sing du mir mehr,
   du kleines wildes Vögelein!
   Ich will um deine Federchen
   dir Gold und Seide winden.«

3. »Behalt dein Gold, behalt dein Seid,
   ich will dir nimmer singen.
   Ich bin ein klein wild Vögelein
   und niemand kann mich zwingen.«

4. »Geh du heraus aus diesem Tal,
   der Reif wird dich auch drücken.«
   »Drückt mich der Reif, der Reif so kalt,
   Frau Sonn wird mich erquicken.«